BUZZ

© Buzz Editora, 2021
© Fran Bitten, 2021

Publisher ANDERSON CAVALCANTE
Editora TAMIRES VON ATZINGEN
Assistente editorial JOÃO LUCAS Z. KOSCE
Preparação TOMOE MOROIZUMI
Revisão GABRIELA ZEOTI, LUISA MELLO
Consultor literário JULIANO POETA
Projeto gráfico ESTÚDIO GRIFO
Assistente de design STEPHANIE Y. SHU
Ilustrações FRAN BITTEN

Nesta edição, respeitou-se o novo
Acordo Ortográfico da Língua Portuguesa.

Dados Internacionais de Catalogação na Publicação (CIP)
de acordo com ISBD

B624e

    Bitten, Fran
    Ela brilha no escuro / Fran Bitten
    Ilustrações: Fran Bitten
    São Paulo: Editora Buzz, 2021
    168 pp.

    ISBN 978-65-89623-37-3

    I. Literatura brasileira. 2. Poesia. I. Bitten, Fran.
    II. Título.

2021-2539   CDD-869.1
                     CDU-821.134.3(81)-1

Elaborado por Vagner Rodolfo da Silva CRB-8/9410

Índice para catálogo sistemático:
1. Literatura brasileira: Poesia 869.1
2. Literatura brasileira: Poesia 821.134.3(81)-1

Todos os direitos reservados à:
Buzz Editora Ltda.
Av. Paulista, 726 – mezanino
CEP 01310-100 – São Paulo/SP
[55 11] 4171 2317 | 4171 2318
contato@buzzeditora.com.br
www.buzzeditora.com.br

ela
brilha
no
escuro

fran bitten

hoje eu descobri que sou
a primeira mulher da minha família
que pode escolher fazer o que quiser
me sinto intimidada com a responsabilidade
de carregar todos os sonhos abortados
e todas as vozes silenciadas
as poesias destas páginas não são só minhas
são de cada uma das minhas antepassadas

para cada uma das mulheres que vieram antes de mim
e para todas as que virão depois

f a

lua minguante
quando caí
II

lua nova
*quando me
encontrei*
39

s e s

lua crescente

quando te encontrei

75

lua cheia

quando brilhei

127

quando eu estava terminando de escrever este livro,
um ciclone passou pela minha casa, e também pelas casas
da minha mãe e da minha avó, que moram em outra cidade.

nós sentimos medo. os ventos eram tão fortes que
abalaram nossas estruturas, e a água que caía do céu
inundou nossas casas, como se fosse uma represa que há
muito tempo era impedida de seguir seu fluxo. ela escorria
das paredes, chorando a dor de todas as nossas ancestrais.

agora, eu estou escrevendo em frente à janela da sala,
olhando para o céu azul negro, que já não carrega
nenhuma nuvem. a falta de luz me permite enxergar as
estrelas. a lua está crescente, *ela brilha no escuro*, e algo
cresce dentro de mim.

as árvores já não balançam mais. neste momento, não há
mais dor, não há mais água, não há mais nada além da
transformação que aconteceu bem diante dos meus olhos.
eu fui visitada pelos ventos da mudança.

escrever este livro foi como um ciclone, que levou com ele
quem eu era antes. os ventos não atingiram só a mim,
mas todas as mulheres que vieram antes e cada uma que
virá depois de mim.

vejo um alerta com previsão de novos ventos para esta madrugada. quando eles chegarem, eu não serei mais a mesma e sentirei medo de novo. mas, neste exato momento, na quietude da noite, eu estou bem, e não importa o quanto as coisas possam piorar ou me assustar...

tudo passa.

rápido, entre. os ventos recomeçaram. vou acender uma vela para você. sente-se nessa poltrona e aproveite esse espaço no tempo para ler esta história. deixe que os ventos da mudança façam seu trabalho enquanto você está aqui comigo. quando eles forem muito fortes, aperte a minha mão e você saberá que não está sozinha. eu estarei aqui até o final e vou te receber de braços abertos quando você chegar lá.

quando seu coração estiver pronto, vire a página.

vamos começar.

florianópolis, 30 de junho de 2020.

lua minguante

☽

quando caí

hoje visitei o apartamento em que morei na minha infância
colocamos no caminhão a última das nossas memórias
elas foram com minha mãe para uma nova cidade
contar uma nova história

quando tudo estava vazio
eu me deitei no chão do que costumava ser meu quarto
e encontrei atrás de onde ficavam os armários
pedaços da parede que eu mesma pintei de azul
escondidos embaixo de uma nova pintura branca

não importa quantas camadas você pinte por cima
a sua história resiste a todas elas

e para sarar você primeiro vai precisar
arrancar tudo

eu me pergunto se quando criança eu dava pistas
de que não estava bem
ou se como toda menina, artista,
brincava de interpretar e ninguém
nenhum adulto se dava conta
de que eu carregava o maior peso do mundo
e não contava a ninguém

existe um momento para cada uma de nós
em que o véu da inocência é arrancado
sem aviso ou licença
o choque
de ver o mundo como ele é
às vezes traumatiza uma pessoa
pela vida inteira

espera um pouquinho, vou ali falar com a moça
meu pai disse, antes de fechar a porta
eu tinha cinco anos
e estava sentada em um banco
em que meus pés não alcançavam o chão
por ser curiosa me levantei
e espiei pelo buraco da fechadura

minha mãe contou que quando cheguei em casa
fiquei três dias sem falar com ninguém
o que você tem? ela repetia
até que não aguentei
eu vi o papai beijando a moça

poucas horas depois a mala preta dele estava na varanda
por favor, papai, não vai embora
mamãe, deixa ele ficar
falei agarrada na mala

ele foi
e por tantos anos acreditei que não importava
o quanto eu amasse uma pessoa
isso não seria o suficiente
para fazê-la ficar

agora ele vai ser o meu pai
me disse a filha da nova esposa dele

quando eu era criança perguntava para minha mãe
por que você não sai de casa e conhece alguém?

ela me dizia que já tinha se machucado muito
e que precisava cuidar de mim e do meu irmão

nesse dia eu entendi que alguns homens
abandonam seus filhos

vão embora e deixam feridas abertas
que demoram anos para sarar

quantas de nós estão com o coração em pedaços
acordando todos os dias para criar seus filhos sozinhas?

no meu aniversário de cinco anos
minha dinda me mandou uma bicicleta
com rodinhas e um cestinho
onde eu botava meus ursinhos de pelúcia
cada dia um diferente

nesse mesmo ano
a fábrica de roupas da minha mãe pegou fogo
com minha bicicleta lá dentro
ela era lilás
mas quando a vi estava toda preta
em cinzas

minha bicicleta, minha bicicleta, eu dizia
até que minha mãe me pegou pelo braço e nos tirou de lá
eu chorava pelo meu passado carbonizado
e minha mãe,
pelo nosso futuro perdido

mãe, você me ensina
a resistir

naquele dia em que eu e minha mãe voltamos de curitiba
e você ficou
meu coração se quebrou e nunca mais foi o mesmo
eu te amei tanto que te protegi até das minhas piores críticas
não querendo acreditar que eu estava vivendo
a estatística de pais ausentes
de que quando cresci tanto ouvi falar

eu me dizia que se você não vinha
pelo menos ligava
mas um dia até as ligações pararam
e agora só o que eu tenho é a coleção de cartões telefônicos
que fico olhando como se sua voz fosse sair de lá

sinto saudades das nossas conversas
e de te chamar de pai

o que eu carrego parece tão grande
que não importa o quanto eu chore
nunca consigo colocar tudo para fora

– preciso desatar o nó

não, sua dor não é só física, disse o médico
eu sempre achei que fosse

quando escutei suas palavras lúcidas e urgentes
me vi como em um filme
vivendo aquela história que só acontece com outras pessoas

você precisa buscar ajuda emocional, ele falou
foi assim que eu descobri seu nome
depressão

eu ergui um muro bem alto
tá tudo bem, eu dizia, segurando o choro
e a cada silêncio, mais um tijolo
para garantir que ninguém veria
a dor que eu sentia

deu certo, ninguém entrou
e eu fiquei presa aqui dentro

eu recebia suas ligações bêbado
com uma frequência maior do que eu gostaria
às vezes eu te entendia, pai
e a gente jogava conversa fora
outras, você se perdia e eu te acolhia
eu adulta, você criança

você me ligava para dizer
que se arrependia de ter ido embora
a gente se via uma vez por ano
e nos outros trezentos e sessenta dias
o que eu tinha
eram suas ligações e sua ausência
o pai não pode estar aí com você, filhinha, mas está com você
no coração, você escreveu no cartão de natal

já faz cinco anos que você partiu desta vida
às vezes me pego pensando
em todas as dores que você sentiu
por algum motivo eu sempre te entendi
talvez porque também tenha feito da tristeza
minha íntima

a última ligação que você fez eu não atendi
porque não era todo dia que eu conseguia
te ver sofrer e não saber te ajudar
a ajuda que você precisava só você podia se dar

quando eu penso em você
toco sua voz na minha cabeça
que é para nunca esquecer
do jeito e do tom que você usava
quando me chamava de *minha guriazinha*
nunca mais ninguém me chamou assim
só tenho gravado no meu coração
por isso sempre repito com meu toca-fita imaginário
oi, minha guriazinha
oi, pai. sinto sua falta

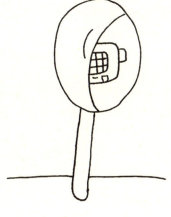

minha mãe me contou que antes de eu nascer
meu pai teve outra filha
que ela era minha irmã mais velha
mas tinha outra família
eu não entendia por que não podíamos nos encontrar

um dia antes da aula
no orelhão alto que tinha na escola
minha mãe abriu a agendinha e apertou os botões para discar
a francieli quer muito conhecer a irmã, ela disse

eu esperei, até que minha mãe se abaixou
e olhando nos olhos me disse
filha, você não vai poder conhecer sua irmã
porque agora ela tem outro pai

em silêncio, eu aceitei
e quando cheguei em casa
coloquei o seu nome na minha boneca

— *gabriela*

quando fomos para casa
minha mãe esqueceu a agendinha no orelhão
e dentro dela a esperança de te encontrar
sem o seu telefone
eu perdi minha irmã antes de a conhecer
aos seis anos eu não sabia como te procurar
mas nunca te esqueci

– para minha irmã perdida

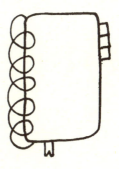

o banheiro sempre foi um dos meus cômodos preferidos
talvez seja pelo espaço pequeno e úmido
que me lembra o útero
ou por ser o lugar em que se põe para fora
o que não serve mais para o corpo
é o meu lugar favorito para chorar
e transbordar
aquilo que não cabe mais no meu peito

o tempo passou
mas às vezes minha criança interior não entende
que nem o casamento
nem a mentira
nem o meu pai
existem mais

— *mas continua doendo*

a tristeza não escorre só pelos meus olhos
ela verte do meu nariz
jorra da minha boca
e sai por cada um dos poros da minha pele
é assim que meu corpo se cura

às vezes a vida esconde os presentes mais brilhantes
nos lugares mais sombrios

– *continue cavando*

a primeira mulher que eu vi sendo desrespeitada
foi minha mãe
o pai do meu irmão mais velho fez pior que partir
ele bateu em todos os lugares que conseguia encostar
não adiantava chorar ou implorar
só acabava quando ele saciava seu senso de masculinidade

ela achou que quando a barriga crescesse
as coisas iriam mudar
a verdade é que nem isso o fez parar
juntando forças de um lugar que eu ainda não conheço
ela fugiu

e todos os dias, com ou sem sorriso no rosto
foi trabalhar feliz
não por seu sonho
mas por sua realidade
por ser mãe

a tristeza é como uma velha amiga
que sem avisar aparece na porta
e entra com sua própria chave
nos olhamos nos olhos
e gentilmente eu preparo sua cama
para mais uma noite

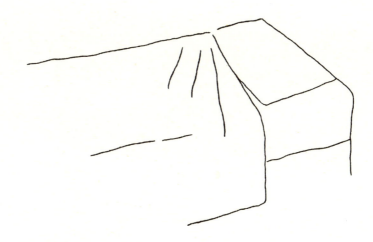

pai
essa sempre foi uma das minhas palavras preferidas
talvez porque eu não a usasse todos os dias
então quando dizia
era um momento especial
como aqueles vestidos que a gente só usa em uma festa

eu me vestia cheia de *pai*
e entoava seu nome
como quem canta um mantra sagrado
toda vez que você lembrava de me ligar
ou de vir me visitar

desde que você morreu
eu não tenho mais a quem dirigir essa palavra
mas continuo cantarolando-a na minha cabeça
pai
pai
pai
que é para não esquecer
não importa o que tenha acontecido
eu nasci de você

escrever sobre os meus machucados dói
é como se eu colocasse o dedo na ferida
às vezes até sangrar
aí minhas lágrimas escorrem
como um rio serpenteando meu corpo
limpando cada uma das feridas

— *antes de sarar, vai doer*

O

quem mais há de saber como te resgatar
se não tu mesma
que conhece onde ficou guardada
cada parte de ti machucada
que sabe onde fica no teu corpo
a ferida que precisa ser curada

as árvores balançam anunciando
o vento da mudança

lua nova

○

*quando me
encontrei*

ajudei a carregar as malas
dei um abraço forte de até logo
e vi minha mãe indo embora para outra cidade

subi para o apartamento onde moramos
por mais de uma década
nas escadas as lágrimas começaram a brotar
o peito apertou
e me avisou da tempestade que estava prestes a cair

deu tempo de abrir e fechar a porta
mas não de chegar até as janelas
os trovões vieram acompanhados dos soluços
me pus na frente do espelho
não havia mais ninguém ali
só aqueles dois olhos brilhantes
que me encaravam em pranto
eu escancarei as janelas e deixei a chuva sair

mas tem coisa que fica guardada tempo demais
e não esvazia de uma só vez
me levantei
coloquei ekena para tocar
aquela música que diz
mulher, a culpa que tu carrega não é tua
rodopiei me despedindo

— *ela não é minha, ela não é tua*

aprendi a agradecer
pelos momentos de tristeza
foi neles que entendi
que o colo que eu tanto busco
eu mesma posso me dar

cansada de buscar um modelo
olhei para dentro

— *esse foi só o começo*

tenha coragem para mudar
mudar é tão necessário quanto respirar

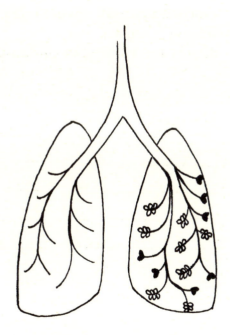

por que é tão mais fácil
lembrar das críticas que recebemos
do que dos elogios?

vamos mudar isso
pegue uma caneta
e escreva aqui os elogios que você já recebeu
você vai se lembrar
de tudo que já disseram sobre seu coração

peguei um caderno
e comecei a escrever todos os dias
o que eu pensava e sentia
demorou um ano
para eu entender o que estava acontecendo
página após página eu lia
e descobria uma versão tão otimista
que eu nem sabia que existia

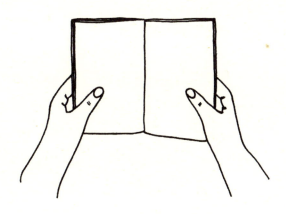

dedico um tempo para nós
você exige que seja de qualidade
brincando juntas eu reaprendo seus gostos
e redescubro suas vontades
você me mostra que tudo que precisa
é da minha atenção
por isso faz birra dentro de mim
dá nó nas minhas emoções
tentando ser notada
querendo ser nutrida
eu te vejo
eu te escuto
eu te amo

— para minha criança interior

você promete ser minha melhor amiga para sempre?

— *o dia em que fiz as pazes comigo*

você sabe que está se curando
quando, em um momento difícil,
em vez de se machucar ainda mais
você se abraça e se beija
e se diz todos os dias
que tudo vai ficar bem

na busca por ser quem sou
às vezes olho no espelho
e não me reconheço

já saí de onde estava
mas não cheguei aonde quero
neste caminho de dúvidas
abraço as incertezas

se existe um risco que vale a pena correr
é o risco de ser
feliz

vim ao mundo menina
queria saber, *o que é ser mulher?*
ser mulher é sangrar, me disseram

quando cresci descobri
que nem toda mulher menstrua
e nem toda pessoa que menstrua é mulher

entendi que essa resposta só eu posso dar
porque ser mulher
é ser quem eu quiser

sangrar me ensinou
que a voz mais importante
de ser ouvida é a que
grita
de dentro de mim

○

a cada encontro com minha mãe
ela me conta mais um capítulo
ou às vezes só uma linha
da sua história

eu costumava ficar brava por ela não me dizer de uma vez
mas não entendia que contar é reviver o que aconteceu
e quando a dor está marcada no corpo
pode demorar anos para se começar a falar

mãe, eu não sei o que é sentir tudo isso
mas eu prometo
aqui você está segura
vamos juntas transformar sua dor
em poesia

qual foi a maior dor da vida da sua mãe?

○

minha mãe tinha cinco anos quando ganhou de natal
a primeira boneca
ela ficou muito feliz
mas a boneca ficou com frio
minha mãe a colocou sentada no fogão a lenha
para se esquentar
e quando foi buscá-la a boneca estava derretida

minha bisavó
vendo sua tristeza
se recolheu no quarto
e uma semana depois
a presenteou com uma lembrança
que após sessenta anos
ainda é uma das mais felizes da sua vida
ela lhe deu uma boneca de pano

— *os presentes que só as suas mãos podem dar*

quando eu fiz quinze anos, ganhei uma festa
quando minha mãe fez quinze anos, ganhou uma surra

— *a minha festa significava para ela mais do que eu podia*
compreender

como eu vou agradecer o bastante à minha mãe
por ter feito de mim o seu sonho?

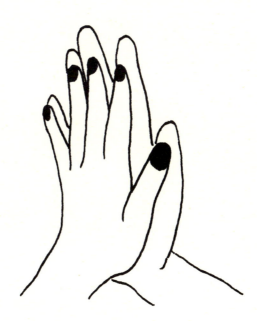

você sabia que os nossos óvulos
são todos formados enquanto ainda somos bebês
dentro da barriga da nossa mãe?

isso significa que sua avó
além de gestar sua mãe
foi o seu primeiro lar

que sonho você ainda quer realizar? perguntei à minha mãe
ser avó de um filho teu, ela disse

— *raízes*

eu sou a primeira mulher da minha família
que tem tudo o que precisa ao alcance de uma tentativa
não que tudo seja fácil na minha vida
mas é que tudo foi muito difícil na delas
às vezes sinto uma pontada que vem bem fundo
do útero
é a marca que trago dentro de mim
de todas as mulheres que vieram antes

tem dias que elas acordam, todas juntas apertam meu útero
e sopram nos meus ouvidos

— *não esqueça de contar nossa história*

com vinte e dois anos
minha bisavó tinha seis filhos
e uma rotina de brigas com o marido
ela queria se separar
mas era *inaceitável* que levasse os filhos consigo

ela não aceitou as opções que a sociedade lhe impôs
minha avó era uma criança de três anos
quando a mãe dela
entre viver brigando ou viver sem os filhos
escolheu tirar a própria vida

minha bisavó
deixou cedo sua família
por não conseguir mais aguentar a vida
que as mulheres tinham que viver na sua época

minha avó
foi acolhida e criada por outra mulher
que já tinha seus filhos
e fez dela sua sétima

quando minha mãe
com vinte e poucos anos
se separou pela primeira vez
de um cara que deixou marcas por todo o seu corpo
teve que fugir para outra cidade
porque era uma vergonha uma mulher voltar
para a casa dos pais com um bebê pequeno e separada

nessa outra cidade
minha mãe foi recebida por sua prima
juntas, movidas pela necessidade
de alimentar seus filhos,
fizeram todo tipo de trabalho que conseguiram pensar

quinze anos depois eu nasci
e cresci ouvindo mais *sim*
do que todas mulheres da minha família juntas

que outra história eu poderia contar
senão as delas
senão as nossas
contar essas histórias é meu jeito de dizer
muito obrigada
é por causa de vocês que hoje eu posso
sonhar

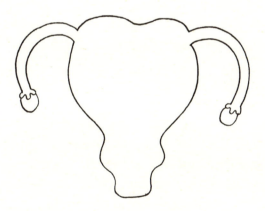

que milagre é esse
que te faz sempre
me colocar em primeiro lugar, mãe
até mesmo antes de você

às vezes, quando me perco nos seus olhos,
te imagino um bebê nos meus braços
e penso em tudo o que gostaria de te dizer:

1. que eu sei que o mundo vai ser muito desafiador
com você

2. que você irá conhecer homens que não vão te respeitar
e com agressividade vão violar seu corpo de formas que
você nunca vai esquecer

3. que com uma criança nas mãos você vai ter que
fugir de um deles, deixando sua família para trás

4. que não importa quantos anos você vá trabalhar em
uma casa de família em troca de comida
nada disso vai te fazer menor do que ninguém

5. que quando você tiver sua segunda gravidez
vai se surpreender com a chegada de uma menina
e ela será sua companheira
pelo resto da vida

as dores nas costas
me ensinam a soltar cada uma das culpas
que carreguei sem saber o peso que tinham

há lugares felizes mesmo em tempos difíceis
e você pode ser esse lugar

um dia de cada vez
eu escolho
ser feliz

quando você estiver se sentindo só
lembre-se que aquilo que tanto busca
só você pode se dar

quando todo o barulho vai embora
dá para escutar melhor o coração
então estar sozinha
não vai mais ser o problema
vai ser sua redenção

me apaixono por ti
toda vez que tu sorri, ela disse
para si

○

ela sonhou com uma floresta
lá tudo crescia conforme bem queria
as árvores alcançavam a altura da sua imaginação
a energia era matriarcal, desrepressora, sensorial

sem poda e sem regra
os galhos cresciam em todas as direções
fluidos, fortes, lindos
a natureza encontra espaço dentro dela mesma

inspira prana
expira conexão

a chuva cai, purifica
hidrata e alimenta
raízes fortes
terra rica em nutrientes

lá tudo nasce, amadurece
se reproduz e morre
em um perfeito ciclo
que não se encerra e outra vez
recomeça

ao contemplar a beleza dessa floresta
ela olhou para dentro
e percebeu que algo brotou dentro dela
quando semeou pensamentos bons
e os regou com *bhava*
atitude interior

agradeceu a cada uma das flores
que nasciam do seu autocuidado
e da sua alegria
foi a beleza de se amar
que fez crescer dentro dela
uma floresta inteira

1. eu deitada no seu braço
sentindo sua barriga subindo e descendo
a cada respiração

2. seus braços abertos
dizendo *oi, minha guriazinha*
e me convidando para o seu abraço
quando chegava de viagem

3. sua mão na minha e a minha na da minha mãe
no dia da festa junina
eu, elo entre vocês

4. a única vez que você me buscou na escola
e eu disse para os meus amigos
com um sorriso no rosto
tchau, meu pai veio me buscar

a sensibilidade
e o mau gênio, que eu herdei de você
escreveram esta poesia
uma lista de tudo que eu não quero esquecer

— *obrigada por sempre ter me ligado*

quando a gente cresce
para seguir em frente
é preciso transformar o passado em paz

— *tudo passa*

no dia em que minha mãe
me contou a história das nossas ancestrais
entendi que eu sou a primeira mulher da família
que pode escolher fazer o que quiser
desde aquele dia
toda noite antes de dormir
eu fecho os olhos e convido elas para participar
das escolhas que só posso fazer
por cada uma delas ter me colocado neste lugar

— *eu não cheguei até aqui sozinha*

minhas lágrimas têm destino
elas caem para virar rio

lua crescente

☾

*quando te
encontrei*

recebi uma mensagem da minha amiga no celular
a gente precisa conversar, estava escrito

de noite ela veio na minha casa
sentadas na sacada
ela começou a me contar uma história

me disse que a prima dela tinha uma amiga
e os pais dessa amiga tinham acabado de se separar

com a separação veio a descoberta
de que o pai dela não era o pai biológico
como ela sempre achou que fosse

eu escutava atenta

essa menina descobriu que o pai biológico acabou de morrer,
mas que ela tem uma irmã, minha amiga continuou

como é o nome dela? eu perguntei

gabriela

O

você é o melhor presente que meu pai me deixou
é a parte que faltava
e agora encontrou o seu lugar

— *sobre conhecer minha irmã aos vinte e cinco anos*

em cada homem eu te procuro
teus traços, teus jeitos, teus vícios
em alguns até vejo teu rosto
só que nenhum deles supre a tua falta
eu vejo o erro
insisto
e me frustro
mas não canso de te buscar
pai, onde você está?
eu já te procurei em todo lugar

de onde vem sua inspiração
me perguntaram
da minha insistência
respondi

tive que deixar muitas pessoas irem
até ficar só
e conseguir ouvir minha própria alma
o silêncio me trouxe paz
a paz me trouxe você

eu não estava te procurando
nem sabia que alguém como você existia
mas quando você sentou
e meus olhos encontraram os seus do outro lado da mesa
eu tive que me lembrar de voltar a respirar

O

você, que tinha sentado do lado da minha amiga,
se levantou
e pegando seu amigo pelos ombros trocou de lugar
agora sim, você disse me olhando

sua autoconfiança
foi a segunda coisa que chamou a minha atenção
a primeira foram seus olhos

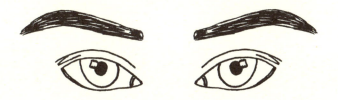

O

você me contou que morava em outra cidade
e, sem expectativas,
eu me senti à vontade
nunca mais vou ver esse menino, pensei

O

vamos dançar, eu disse sem olhar para trás
saindo do bar e indo para a pista de dança

depois de cinco passos, olhei de relance
você veio

O

foram as nossas almas que se reconheceram
antes dos nossos lábios se tocarem

na pista de dança
minha boca não estava com pressa para te tocar
eram as pontas dos meus dedos
que queriam brincar com o magnetismo da sua pele
eu não sei quanto tempo se passou
porque naquele momento até a música parou para ver
que melodia ia ser quando eu tocasse você

nós já estávamos do lado de fora da festa
na frente da porta de entrada
não saímos de mãos dadas
e nossos corpos já iam em direções opostas
quando você de algum jeito
me convidou a colocar meu número no seu celular

eu digitei
e antes de te devolver
fiz questão de rever
cada número
porque eu não estava disposta a correr o risco
de não te ver de novo

eu recebi sua mensagem assim que cheguei em casa
era o oposto do que minhas amigas falaram que acontecia
quando se conhece um menino em uma festa
mas você não era mais um menino
era um homem

— *não são todos iguais*

você morava em outra cidade
e isso me ensinou que o amor não precisa de proximidade
precisa de vontade

você me disse que voltava em duas semanas
e que queria me encontrar
foi nesse momento que eu comecei a contar os dias
que faltavam para te ver

O

eu vesti minha camiseta do david bowie
e saí para te encontrar
naquele bar do lado da minha casa

quando cheguei você já estava lá
não precisei me esforçar
para gostar de você

— *nosso segundo encontro*

o garçom estava levantando as cadeiras
mas nós estávamos só começando

você me convidou para ir no apartamento
onde estava hospedado
lá tem uma vista incrível, você disse

uma das mais bonitas que já vi, pensei
enquanto você tirava a camisa

você pediu permissão para cada parte do meu corpo
antes de entrar

goza pra mim
você diz me olhando nos olhos
como um poema
me lê inteira
e descobre que gozo
quando ouço a sua voz

O

você usa meu nome como ninguém tinha ousado antes

quando você quer me enlouquecer
passa seus lábios e roça sua barba curta
no meu pescoço em direção à minha nuca

– *é assim que você faz meu corpo pulsar*

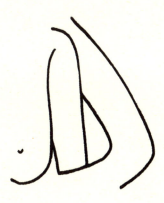

O

você vinha para a cidade e me procurava
o problema é que você também ia
para outras cidades

quando você chegou
não foi como me disseram nos contos de fadas
nas histórias, os príncipes não mentem
e só têm uma princesa
eu quis odiar elas
mas só consegui odiar você

como que uma garotinha
que desde tão cedo pequenininha
foi abandonada pelo homem da sua vida
faz para confiar em homens algum dia?

— *você não é ele*

para aceitar a imperfeição
de outra pessoa
antes eu preciso aceitar
a minha

de onde vem essa carência toda?
eu perguntei
falta de você
meu corpo respondeu

eu acho que você pensou
que eu fosse mais uma cidade
em que você pararia e tomaria um café
para saciar sua vontade

mas o que você não percebeu
é que a cada vinda
você deixava uma bagagem
e levava um pedaço meu para viagem

não demorou muito tempo
para você entender
que quando ia embora
deixava comigo uma parte de si

não importa em quantas cidades você pare
nenhuma delas vai usar o seu corpo
para escrever poesia
como eu

como eu poderia culpar elas
por se aproximarem de você
se você estava sozinho
e como sol
desafiava quem ousasse
não se envolver com o seu brilho

elas fizeram o mesmo que eu
como luas novas
se abriram
para te conhecer

mas naquela noite que você ligou
e me disse
eu acho que a gente viveria uma história
muito bonita juntos

eu soube que a partir daquele momento
não haveria mais nenhuma outra estrela no céu
só você
e eu

ter intimidade com outra pessoa é
conhecer toda a sua luz
e mergulhar na sua sombra
fazer amizade com as suas imperfeições
e aceitar cada uma das partes que a torna
única

teu cheiro é o mais complexo
e o melhor aroma que eu já senti
já passei horas te cheirando
para gravar você na minha alma
e te reconhecer
quando partirmos desta vida

de tanto que minha mãe rezava para os anjos
você me apareceu
com asas

O

tua voz é melhor do que o om para meditar

quando você faz poesia para mim
eu me sinto a musa do mundo
porque é essa a sensação que eu tenho às vezes
que você é todo o meu mundo

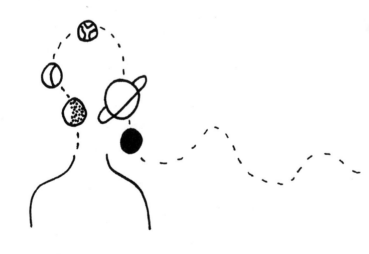

você me trata da forma que minha mãe sempre disse
que eu deveria ser tratada

— *eu mereço*

primeiro eu precisei construir a minha fortaleza
para depois te convidar para entrar
você não ia querer ficar em um lugar
sem teto nem parede
e eu não ia conseguir dividir
o pouco espaço coberto que tinha com você

quando terminei minha construção
você entrou
e ficou

os dias tristes me estilhaçam por inteira
me deixam de quatro
arfando
sem forças para me mover
aí você me põe no colo
me balança devagar e
me diz que tudo vai passar

— nos teus braços eu me sinto em casa

quando a gente briga
eu me sinto uma criança
segurando nas mãos um objeto
precioso e frágil
com medo de me desequilibrar
e deixar cair no chão o nosso amor

as brigas começaram por tão pouco
qual será a causa de tanta agressividade
um com o outro?

não há nada que me machuque mais
do que o som das nossas vozes ásperas
gritando para o outro o que nenhum de nós
gostaria de ouvir

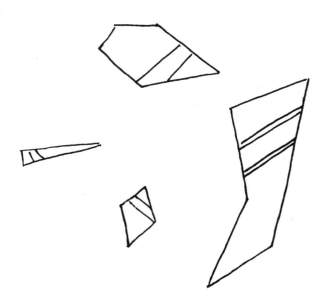

O

você bate a porta
eu grito

— *é assim que descobrimos as partes que tentamos esconder*

eu te procuro para conversar
você me aponta o dedo
e eu ouço minha voz levantando

até quando vamos imitar nossos pais brigando?

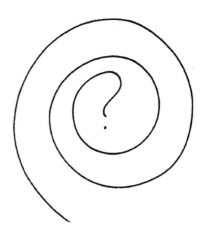

se algum dia a gente se separar
temo pela minha sanidade
fiz planos de ir para um templo
raspar a cabeça e virar budista
meditar todos os dias para encontrar um caminho
que seja tolerável sem você

— devaneios nos dias difíceis

no outro dia, depois de uma briga,
eu tento conter um sorriso
ao olhar para os seus olhos brilhantes
enquanto ainda faço pose de braba
por que foi mesmo que nos desentendemos?
eu tento me lembrar
ao mesmo tempo em que descubro
um jeito de te dizer
sinto muito

— *é sobre a vontade de fazer dar certo*

a arte mora nas pequenas coisas
em cada pelo da sua barba
em cada linha de expressão do seu rosto

a arte mora nos detalhes
no som da sua risada
ensaiada só para as minhas palhaçadas

a arte mora na contradição
em como vivi sozinha até aqui
e agora não consigo imaginar minha vida sem você

a arte mora na conexão
no toque da minha mão na sua
que quando aproxima
magnetiza

a beleza que mora em mim e em você
só podia dar
arte

quando eu deito no seu peito
sinto sua respiração e
ouço as batidas do seu coração
entendo que amar
não é algo que simplesmente acontece
e sim que eu permito
toda vez que tiro minha armadura
e nua
me revelo a você

aqui só tem nós dois no nosso próprio ritmo
não há pressa
só calmaria
nosso amor é paz
é sintonia

— não precisa doer

eu amo acordar ao seu lado
sentindo o seu cheiro grudado nos lençóis
me aconchegando no seu peito e
encontrando o toque da sua pele

e aprendi que também amo acordar ao meu lado
me espreguiçando pela cama inteira
levantando no meu próprio tempo
e fazendo tudo exatamente do jeito que quero

que me acostumar com a sua presença
nunca signifique me desacostumar da minha

O

longe de ti
sozinha
eu continuo
inteira

eu sou aquela por quem tanto esperei

lua cheia

●

quando brilhei

você já é o bastante
exatamente do jeito
que você é
agora

a melhor forma de ver o caminho
é iluminando
a si

apago as luzes da casa
acendo o brilho da alma
fecho as portas do quarto
abro a represa
com calma
me retiro do mundo e entro em mim

é hora de fechar os olhos para fora
e abri-los para dentro
está tudo bem querer ficar em silêncio
o descanso é um presente merecido
de quem deu o melhor de si nesse ciclo

— *quando estou sangrando*

eu cresci achando que sangrar
é quase como uma maldição
que não se pode quebrar

acreditei que meu sangue
era sujo e impuro
e por isso devia ser escondido
você tem que tomar cuidado, disseram
para ninguém ver uma gota de sangue na sua calça

aprendi a não falar sobre isso
nem sequer dizer seu nome em voz alta

por dez anos eu não menstruei
e só quando parei de tomar diariamente
aqueles pequenos comprimidos redondos
é que pude ver o meu sangue como ele é
vermelho brilhante

nesse dia eu descobri um segredo
chega mais perto, vou te contar
menstruar não é maldição, é nosso superpoder
trazemos no sangue a transformação
para tudo aquilo que precisa mudar

— *é segredo, mas pode espalhar*

beijei minhas mãos inteiras
dedo por dedo
enquanto me pedia desculpa
por todas as vezes que usei palavras menores do que
maravilhosa
para me definir

olhei cada uma das minhas cicatrizes
e agradeci por todas as aventuras
que fui corajosa o bastante para viver

me fiz carinho pelo corpo todo
demorado
gostoso
leve
carinho que pede perdão
pelas críticas mais duras que já recebi
as que eu mesma me fiz

fiquei acordada até tarde
chorei
e me deitei no meu próprio colo
fui minha mãe
minha filha
minha irmã

fiz chá
e fiz de mim minha amiga
penteei meus cabelos
me fiz tranças de promessas
de um amor mais verdadeiro
repeti o dia inteiro
que nunca mais ia embora

habitei a mim
por inteira

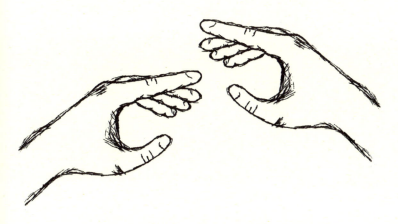

não se assuste com seus
sentimentos
a mãe terra te fez assim
porque sabe que só com
intensidade
é que se pode gerar uma vida

já passei tempo demais
procurando em outras pessoas
o que só me encher de mim
resolvia

sinta a sua força
ela emana do seu útero
corre por cada parte do seu corpo
até chegar aos seus pés

e pise cada passo que te levará a realizar
cada um dos seus sonhos

sempre foi
e sempre será
você

a cada vez que uma mulher
alcançar uma posição em que eu gostaria de estar
em vez de sentir inveja
eu quero sentir orgulho
e agradecer por ela desbravar
e iluminar o caminho
para que eu também possa
chegar lá

— *irmandade*

te ver livre
me lembra
que eu também sei voar

afundei meus pés na areia
e mergulhei em um mar muito maior do que eu
foi nesse momento que entendi
o que significa estar em casa

— *sobre me mudar para perto do mar*

a magia de crescer
é olhar para trás
ver tudo o que te fez sofrer
com olhar generoso e o coração em paz

amadurecer
é libertar cada rancor
preencher o vazio com amor
e se tornar a cada segundo
você

– o tipo de mulher que sempre quis ver no mundo

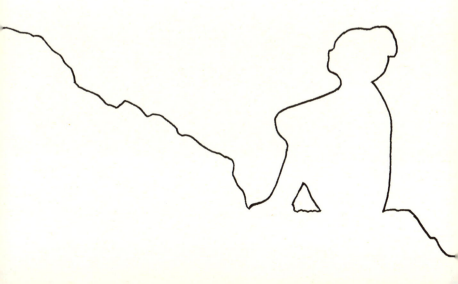

o que você pensou quando eu nasci, mãe?
eu perguntei
eu pensei que você seria minha luz para o resto da vida
ela respondeu

se eu não puder te dar mais nada, filha,
pelo menos você vai poder andar com as próprias pernas,
ela disse enquanto as lágrimas escorriam mais rápido
do que podia secar

— o que minha mãe falou quando eu me formei na faculdade

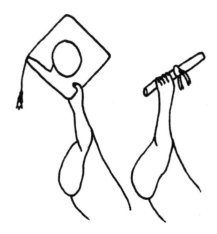

somos filhos de pais diferentes
que têm algo em comum
ambos foram ausentes

meu irmão mais velho cuidou de mim
quando eu não tinha ninguém por perto
para chamar de pai

— *minha referência masculina*

obrigada, pai
eu sei que você fez o melhor que podia
porque eu também faço

quando eu falo sobre cura
não me refiro à utopia de uma vida sem dor
viver dói
e eu continuo caindo
tantas vezes nos mesmos buracos
que já se tornaram íntimos
a diferença é que agora eu sei
que me tirar deles depende só de mim
e eu escolho a cada vez
me levantar

— é isso que eu chamo de cura

quando eu me curo
eu curo cada uma das mulheres que
vieram antes de mim
minha mãe
avó e
bisavó
e curo todas as mulheres que virão depois
minha filha
neta
e bisneta

– *linhagens*

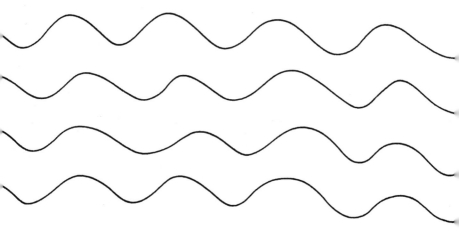

quem te deu permissão
para me olhar como se eu fosse uma vitrine de loja
para querer me comprar como se eu fosse peça
em liquidação
para me provar sem pedir autorização

quem foi que te disse
que por ter nascido homem
você carrega no meio das pernas o passe livre
da inconveniência
com seu toque maldoso
seu olhar malicioso
e pensamento pervertido
você só vê o que quer
e não enxerga do que sou feita

eu gostaria de te dar só minha indiferença
mas nesta sociedade machista não é suficiente
isso é o que você espera
que eu tenha medo e não faça nada
mas calma
quando você menos imaginar
numa hora fortuita
eu não serei uma
serei muitas

— *para todos os homens que nos desrespeitam*

eu vejo uma chama
dentro de cada uma das minhas irmãs
e quando estamos juntas
ela pega fogo

bruxas são as mulheres
que para se curar
usam sua própria magia

sozinha eu brilho
mas juntas nós iluminamos
o planeta inteiro

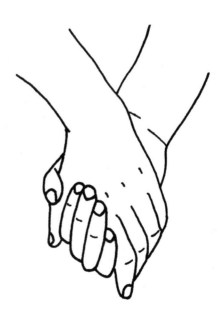

não importa quantas vezes eu tente me levantar
os antigos machucados sempre voltam a me derrubar
no chão eu estilhaço
e quando sobra de mim só o pó
é nesse exato momento
que de novo
eu renasço

eu me sinto como uma estrela
tem dias que eu brilho
e ilumino tudo ao meu redor
tem dias que explodo
e me transformo em poeira espacial

hoje a vida perdeu todas as cores
ficou branca e cinza
aí eu saí de casa
olhei para o céu
vi uma lua
cheia
e percebi que o branco e o cinza
são as cores mais brilhantes
que há para se ver hoje

há uma familiaridade inegável
em estar nessa posição fetal
embaixo das cobertas
calada e introspectiva
como uma tartaruga dentro da casca

perdi as contas de quantas vezes
minha cama foi meu refúgio
e meus travesseiros
secaram minhas lágrimas

de novo estou aqui deitada
mas não espero mais ninguém vir me resgatar
porque descobri
que heroínas também se escondem
embaixo das cobertas

e depois de se acolherem
elas se levantam e vestem suas capas
para lutar por tudo aquilo que acreditam
mais uma vez

o mundo vai te sacudir por inteira
te fazer duvidar se está no caminho certo
te pressionar até você quase desistir
e você vai encontrar forças dentro de si
que nem sabia que existiam
com milhares de dúvidas e uma certeza
vai continuar
até realizar cada um dos seus sonhos

— *para todas as sonhadoras*

quando você estiver triste você precisa:

1. se alimentar

2. dizer todos os dias que tudo vai ficar bem, até acreditar

3. acolher a tristeza e agradecer por ela mostrar o caminho para dentro de você

4. usar essa energia para criar

5. lembrar que tudo passa, até o que você está sentindo agora

um dia toda a intensidade que mora dentro de mim
transbordou em palavras
e nunca mais parou

eu costumava amaldiçoar minha sensibilidade
não sabia o que fazer com tantos sentimentos
eles apertavam meu peito e escorriam dos meus olhos

escreva três páginas por dia, dizia o livro da julia cameron
sem saber bem o que estava fazendo
escrevi linha por linha durante um ano inteiro

foi assim que eu vi nascer da sensibilidade
a perfeita inspiração para minha arte

— *para minha musa*

mulher forte que ela é
acorda todos os dias e se põe de pé
inspira profundo
enche o peito de fé
e o coração de coragem

vai atrás dos seus sonhos
assumindo a autoria da sua vida
porque já sabe
que escrever a sua história
depende só
dela própria

hoje quando acordei
tinha sol

desejo que os raios de luz iluminem dentro de mim
assim como iluminam lá fora
que meu corpo balance como as árvores
tocadas pelo vento
e que as minhas cores brilhem seus mais vibrantes tons

– *que hoje eu também vire sol*

se adora
faz de você inspiração
se seduz
com a sua cantada mais verdadeira
se leva para um encontro
e se mima
com as suas comidas preferidas

abusa
mostra que conhece seus gostos
que prestou atenção
em cada uma das histórias que viveu

se exibe
se faz rir como mais ninguém fez
faz piada das suas paranoias
acha graça das suas contradições
elogia sua sensibilidade
faz dela que tanto já te doeu
a sua mais honesta qualidade

faz arte
canta, desenha, escreve
se faz musa da sua própria história
se dando toda a compreensão
que você tanto busca em outras pessoas

se dá um presente
enrola no papel mais bonito que puder encontrar
e escreve seu nome
cheio de corações, flores, estrelas

se faz sol
astro que ilumina a terra
da sua própria vida
e sente
que tem o universo inteiro
dentro de você
mulher

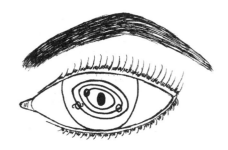

esse ano foi inteiro dela
ela se cuidou como nunca antes
deixou de esperar que outras pessoas
dissessem as palavras
que ela queria ouvir
aprendeu a se elogiar
e a se incentivar
sozinha
se pegou no colo
e descobriu o mais lindo dos amores
o amor-próprio

— o dia em que me fiz poesia

obrigada a todas as pessoas
que não me ouviram
ou que tentaram falar por mim
a vontade de me fazer escutar
fez com que minha voz
se tornasse ainda mais forte

você conseguiu. atravessou os ventos da mudança e se permitiu ser transformada por eles. você chegou até o fim, e agora estamos juntas, de mãos dadas. eu preparei uma fogueira para celebrar a sua chegada, para aquecer o seu coração amoroso que esteve presente em cada uma destas páginas.

esse fogo que está na nossa frente é o fogo da transmutação, e chegou a hora de entregar a ele todas as emoções que foram despertadas durante a leitura deste livro. pegue um papel, escreva nele tudo que você está sentindo, e então queime, transformando seus sentimentos em chama e brilho.

agora você conhece a minha alma, e a minha reconhece a sua. esse é um reencontro. obrigada por ter permitido que os nossos caminhos se tocassem. eu desejo que esse momento sempre te faça lembrar do poder que acessamos quando nos conectamos com a nossa magia feminina. esse poder está dentro de você. esse poder é você.

a lua, que nos guiou até aqui, é o astro que orienta a ciclicidade feminina. quando a noite estiver muito escura na sua vida, olhe para o céu e veja como *ela brilha no escuro*, te lembrando de que você também sabe como brilhar. você nunca mais estará sozinha, porque ela sempre estará com você.

— *você é sua própria luz*

FONTE Dover
PAPEL Pólen Soft 80 g/m²
IMPRESSÃO Gráfica Santa Marta